BEI GRIN MACHT SIC
WISSEN BEZAHLT

- Wir veröffentlichen Ihre Hausarbeit,
  Bachelor- und Masterarbeit

- Ihr eigenes eBook und Buch -
  weltweit in allen wichtigen Shops

- Verdienen Sie an jedem Verkauf

Jetzt bei www.GRIN.com hochladen und kostenlos publizieren

Marc-Uwe Klings "QualityLand". Der Realitätsanteil im fiktiven Roman

Pauline Kaiser

GRIN ☺

Bibliografische Information der Deutschen Nationalbibliothek:

Die Deutsche Nationalbibliothek verzeichnet diese Publikation in der
Deutschen Nationalbibliografie; detaillierte bibliografische Daten sind
im Internet über http://dnb.d-nb.de abrufbar.

ISBN: 9783346523150
Dieses Buch ist auch als E-Book erhältlich.

Druck und Bindung: Books on Demand GmbH, Norderstedt Germany
Gedruckt auf säurefreiem Papier aus verantwortungsvollen Quellen

Das vorliegende Werk wurde sorgfältig erarbeitet. Dennoch
übernehmen Autoren und Verlag für die Richtigkeit von Angaben,
Hinweisen, Links und Ratschlägen sowie eventuelle Druckfehler keine
Haftung.

Das Buch bei GRIN: https://www.grin.com/document/1141658

Hausarbeit zum Thema:

QualityLand:

Wie viel Realität steckt in dem fiktiven Roman

von Marc-Uwe Kling?

von:

Pauline Kaiser

08. Juni 2021

Abkürzungsverzeichnis

ADAC	Allgemeiner Deutscher Automobil-Club e.V.
AICAN	Name einer künstlichen Intelligenz
AR	Augmented-Reality
BBC	Big Business Consulting
CPU	Crime Prevention Units
etc.	et cetera
f.	folgend
ff.	fort folgend
Hrsg.	Herausgeber
MIT	Massachusetts Institute of Technology
PRECOBS	Pre Crime Observation System
Vgl.	Vergleich(e)
WWW	WeltWeiteWerbung

Tabellen- und Abbildungsverzeichnis

1 Einleitung[#]

„Zwei Jahre vor der Gründung von QualityLand [...] gab es eine ökonomische Krise solchen Ausmaßes, dass die Menschen sie als Jahrhundertkrise bezeichneten. Es war bereits die dritte Jahrhundertkrise innerhalb einer Dekade. Von der Panik der Märkte mitgerissen, bat die Regierung die Unternehmensberater von Big Business Consulting (BBC) um Hilfe, und diese entschieden, das Land brauche vor allem einen neuen Namen. [...] Die Unternehmensberatung beauftragte die Kreativen von WeltWeite-Werbung (WWW), nicht nur einen neuen Namen für das Land zu erarbeiten, sondern auch gleich ein neues Image, neue Helden, eine neue Kultur, kurz gesagt: eine neue Country Identity. Nach einiger Zeit [...] einigten sich alle Beteiligten endlich auf den heute weltbekannten Namen [...]: **QualityLand**."[1]

Dieses Zitat aus dem Einleitungskapitel des Romans „QualityLand" von Marc-Uwe Kling, soll einen kurzen Einblick in die Entstehung des fiktiv beschrieben Landes geben, um das es auf den folgenden Seiten der Hausarbeit gehen soll. Im Roman wird neben einigen neuen gesellschaftlichen Standards auch ein Stand der Technik beschrieben, der auf den ersten Blick für den Leser sehr zukunftsfern erscheint. Ob dies jedoch wirklich so ist und die Technik in „QualityLand" tatsächlich so weit entfernt von der heutigen ist, gilt es in dieser Hausarbeit herauszufinden. Als Realität wird dabei der Stand der Forschung und Entwicklung im Frühjahr / Sommer 2021 genommen.

Nach einer Zusammenfassung des Romans, der einen weiteren Einblick in die beschriebene Welt geben soll, wird im *Kapitel 3* auf drei Schwerpunkte der Technik eingegangen, die genauer untersucht werden sollen: *3.1* Onlineshopping, *3.2* Künstliche Intelligenz, *3.3* Digitaler Alltag. Hierbei sollen nach einer Beschreibung von „QualityLand" (auch durch hervorgehobene Textstellen) vor allem direkte Beispiele über den Stand der Technik angeführt werden. Auf eine kritische Hinterfragung der vorgestellten Beispiele wird verzichtet. Im abschließenden Fazit wird auf das Forschungsthema der Hausarbeit eingegangen. Auf ethische Aspekte die eventuell aufkommen, wird nicht weiter eingegangen. Zudem wird in der Hausarbeit Bezug auf „QualityLand 1.0" genommen (der aufbauende Roman „Qualityland 2.0", der 2020 erschien, wird aus der Betrachtung herausgenommen) und sich dabei auf die „dunkle Edition" bezogen (mehr dazu im *Kapitel 2*).

[#]Um den Lesefluss zu erleichtern, verzichtet die Autorin bei den von ihr verwendeten Personenbezeichnungen darauf, zwischen Mann und Frau zu unterscheiden. Vielmehr weist sie zu Beginn ausdrücklich darauf hin, dass alle im Singular und Plural verwendeten Personenbeziehungen Frauen und Männer, sowie Diverse, gleichermaßen und gleichberechtigt einschließen. Dies bedeutet nicht den Ausschluss des jeweils anderen oder die Festschreibung auf nur ein oder zwei Geschlechter. Frauen, Männer und all jene, die sich anders identifizieren, mögen sich von den Inhalten dieser Hausarbeit gleichermaßen angesprochen fühlen.

[1]Kling, Marc-Uwe (2017), S. 9.

2 Über den Autor und seinen Roman

Der Roman „QualityLand" vom Autoren **Marc-Uwe Kling** wurde 2017 von der Ullstein Buch-verlage GmbH veröffentlicht.[2] Es ist bereits sein 6. Roman für Erwachsene.[3] Kling ist deut-scher Autor, Liedermacher und Kabarettist und 1982 in Stuttgart geboren. Er ist das Viert jüngste Kind zweier Speditionskaufleute und fing bereits früh an zu musizieren. Seine ersten Lieder schrieb er während des Studiums für Philosophie und Theaterwissenschaften an der Freien Universität Berlin. Ebenso kamen hier erste Kurzfilme und -geschichten zustande. Das Studium brach er mehrfach ab. Ab 2003 trat er bei mehreren Poetry Slams und auf zahlreichen Lesebühnen auf, bis er 2006 die Lesebühne „Lesedüne" gründete. Alle zwei Wochen werden hier mit drei Partnern und Gästen zusammen selbst geschriebene Texte gelesen. Im Jahr 2016 entwickelte sich daraus das Fernsehprojekt „Bühne 36 – Känguru und Co." beim Rundfunk Berlin-Brandenburg (rbb).[4] Hinter dem Känguru ist dabei sein erster Roman aus dem Jahr 2009: „Die Känguru Chroniken" zu verstehen. Diesem Roman folgten drei aufbauende Teile und ein Film.[5] Das Känguru warnt in den Büchern stets vor einem Überwachungsstaat. Dieser wird nun in **„QualityLand"** beschrieben.[6] Der Roman erschien dabei in zwei Varianten – der „hellen" und der „dunklen" Edition (siehe *Abbildung 1*). Dies erklärt der Autor durch die hohe Personalisierung, die im Roman thematisiert wird. Er wollte dies auch im Design des Buches weiter verfolgen. Zwischen den einzelnen Kapiteln gibt es Nachrichten, Werbung und Empfeh-lungen, welche sich in den einzelnen Editionen unterscheiden. Die Kapitel und die behandelte Geschichte sind hingegen identisch.[7]

„QualityLand" ist ein satirischer Roman, der in naher Zukunft spielt.[8] Er kann auch als Dystopie bezeichnet werden.[9] Es wird eine digitale, ökonomisierte Welt beschrieben, in der es durch Algorithmen keine Zufälle mehr gibt. Die Technologie ist so weit fortgeschritten, dass Androi-den den Menschen die Arbeit wegnehmen und Drohnen Pakete liefern.[10] Intimste Daten sind zudem frei zugänglich und Gefühle werden rationalisiert. Der Protagonist ist Peter Arbeitsloser. Er ist ein durchschnittlicher Bürger mit einem langweiligen Job und einem persönlichen Assis-tenten namens „Niemand". Dieser trifft für ihn Entscheidungen und soll ihm den Alltag erleich-tern. Durch die Plattform „QualityPartner" bekommt er passende Partnervorschläge und über den Onlineversandhändler „TheShop" die passenden Produkte zugeschickt. Diese werden wie

[2]Vgl. Kling, Marc-Uwe (2017), S. 5.
[3]Vgl. Kling, Marc-Uwe (2021).
[4]Vgl. Munzinger Archiv GmbH (Hrsg.) (2021).
[5]Vgl. Kling, Marc-Uwe (2021).
[6]Vgl. SPIEGEL Kultur (Hrsg.) (2017).
[7]Vgl. Kling, Marc-Uwe (2021).
[8]Vgl. SPIEGEL Kultur (Hrsg.) (2017).
[9]Vgl. Börsenblatt (Hrsg.) (2017).
[10]Vgl. SPIEGEL Kultur (Hrsg.) (2017).

erwähnt von Drohen ausgeliefert. Alles wird Peter vorgegeben, er kann nicht leben wie er will.[11] Bezahlt wird alles in „QualityLand" via „TouchKiss", einem Zahlungsmittel das über die Lippen funktioniert.[12] Zusätzlich wird alles im Superlativ ausgedrückt[13] und Menschen werden in Level eingeteilt und haben dadurch bestimmte Privilegien.[14] Die Nachnamen der Menschen werden nach dem Beruf von Vater oder Mutter zum Zeitpunkt der Zeugung vergeben. Somit gibt es als Figuren neben Peter Arbeitsloser auch Sandra Admin, Tony Parteichef, Melissa Sexarbeiterin und Martyn Vorstand.[15] Außerdem werden Androiden wie Menschen behandelt. Dadurch ist ein Kandidat für den Parteivorsitz auch der Androide John of Us.[16] Auch in der Literatur wird auf künstliche Intelligenz gesetzt und Bestsellerromane werden von sogenannten E-Poeten verfasst.[17] Dies sind nur einige Dinge, die es in „QualityLand" zu finden gibt. In der Handlung geht es als roten Faden vor allem darum, dass Peter Arbeitsloser einen pinken Delphinvibrator von „TheShop" zugeschickt bekommt. Diesen möchte er nicht haben und will ihn wieder zurückgeben, was aber nicht so leicht ist.

Im Folgenden soll auf einige Besonderheiten in dem Land genauer eingegangen werden und diese in Bezug zur Realität gestellt werden.

3 Parallelen des Romans zur Realität

3.1 Onlineshopping

3.1.1 QualityLand

In „QualityLand" gibt es, wie bereits erwähnt, einen Onlineversandhändler namens „TheShop" (1). Dieser weiß bereits vor seinen Kunden, was jeder Kunde möchte und liefert es aus, ohne das die Kunden eine Bestellung ausgelöst haben. Dies ist durch den Service „OneKiss" durch einen Kuss auf sein „QualityPad" (einem Tablet) möglich.[18]

„Seit OneKiss ist das nicht mehr nötig. OneKiss ist ein Premiumservice von TheShop. [...] Wer sich durch nur einen Kuss auf sein QualityPad für OneKiss anmeldet, bekommt fortan alle Produkte, die er bewusst oder unbewusst haben will, zugeschickt, ohne sie bestellen zu müssen. Das System errechnet für jeden Kunden eigenständig, was er will und wann er es will. Schon der erste Slogan von TheShop lautete: <<Wir wissen, was du willst.>> Inzwischen bestreitet das keiner mehr."19

[11]Vgl. Univativ – Das Lüneburger Hochschulmagazin e.V. (Hrsg.) (2017).
[12]Vgl. Kling, Marc-Uwe (2017), S. 13.
[13]ebenda, S. 11.
[14]ebenda, S. 36.
[15]ebenda, S. 9 ff.
[16]ebenda, S. 27 f.
[17]ebenda, S. 66 f.
[18]ebenda, S. 17 f.
[19]Kling, Marc-Uwe (2017), S. 17 f.

Die Produkte werden stets zum richtigen Zeitpunkt über sprechende und denkende Drohnen ausgeliefert. Auch der Zeitpunkt wird durch "OneKiss" errechnet.20 Um den Nutzern jedoch zu vermitteln, dass das System nicht perfekt ist, werden ab und an absichtlich falsche Produkte ausgeliefert. Die soll die Akzeptanz von "OneKiss" erhöhen.21

"Anfangs war die Aktezptanz für OneKiss relativ niedrig, und zwar interessanterweise deshalb, weil der vorrausschauende Versand so gut funktionierte. Unsere Kunden wollten sich nicht so durchschaubar fühlen, wie sie waren. Darum haben unsere Entwickler dafür Sorge getragen, dass ab und zu ein ungewünschtes Produkt verschickt wird. Ein Produkt von dem wir wissen, dass es der Kundenicht haben will. Erstaunlicherweise stieg dadurch die Akzeptanz enorm."22

Neben dem automatischen und vorrausschaunden Versand gibt es auch noch die Möglichkeit zum Beispiel beim **(2)** schauen eines Filmes einzukaufen. 23

"<<Stopp>>, sagt sie, und das Bild friert ein. <<Die Bluse von Carrie Bradshaw.>> Auf dem Bildschirm wird die Bluse markiert, die die Schauspielerin Sarah Jessica Parker trägt. Produktname, Markenname und aktueller Preis bei TheShop [...] werden eingeblendet. <<Bestellen. In meiner Größe>>. Ein freundliches Pling bestätigt Denise, dass der Bestelltvorgang erfolgreich durchgeführt worden ist. Nun werden weitere Produktinformationen zu Dingen eingeblendet, die auf dem Bildschirm zu sehen sind. Carrie Bradshaws Rock. Carrie Bradshaws Schuhe. Die Lampe, der Tisch, die Pizza, der Softdrink, der schon seit Minuten so penetrant im Vordergrund zu sehen ist. Einige Dinge wurden nachträglich in die Serie eingefügt. Das QualityPad, das auf dem Tisch liegt, zum Beispiel. Digitales Post-Post-Produktion-Product-Placement, auch bekannt als 5P. Der letzte Schrei in der Werbebranche."24

3.1.2 Realität

Wie sehr ist die Realität von diesen beschriebenen Dingen noch entfernt? Vor allem der **(1)** vorrausschauende Versand durch "TheShop" weißt Züge zum sogenannten "Big Data" auf. Hinter **Big Data** also "großen Daten" verbergen sich vor allem folgende Aspekte (die 4 V): Volume - sehr große Datenmengen, Variety - verschiedene Typen von Daten, Velocity - enge zeitliche Rahmenbedingungen und Veracity – ungenaue / unstrukturierte Daten.25 Durch diese gesammelten Daten können Computer Muster und Korrelationen erkennen, die für einen Menschen nur schwer fassbar sind.26 So konnte im Jahr 2012 bereits eine Datenanalyse der **US-Supermarktkette Target** die Schwangerschaft eines jungen Mädchens voraussagen. In der Analyse waren Name, E-Mail-Adresse und Kreditkartendaten der Kunden bekannt. Über einen längeren Zeitraum hinweg konnte festgestellt werden, dass Schwangere ab einem bestimmten Zeitpunkt unparfümierte Lotions kaufen. Da der genaue Zeitpunkt während der Schwangerschaft irgendwann bekannt war, konnte der Algorithmus sogar den Geburtstermin vorhersagen.27 Im Fall des jungen Mädchens wurden Coupons angeboten und zugeschickt,

20Vgl. Kling, Marc-Uwe (2017), S. 17.
21ebenda, S. 148.
22Kling, Marc-Uwe (2017), S. 148.
23Vgl. Kling, Marc-Uwe (2017), S. 126.
24Kling, Marc-Uwe (2017), S. 126.
25Vgl. Göbel, Richard (2018), S. 74.
26Vgl. Cole, Tim (2017).
27Vgl. ZEIT ONLINE GmbH (Hrsg.) (2014).

die für Schwangerschaftsprodukte waren. Dem Vater des Mädchens gefiel dies nicht und er stellte den Manager der Supermarktkette zur Rede. Daraufhin stellte sich heraus, dass seine Tochter wirklich schwanger war, es dem Vater aber noch nicht erzählt hatte.28

Ein weiteres Beispiel dafür, dass Algorithmen schon erahnen können, was Kunden möchten, lässt sich an den **Werbeanzeigen in den Sozialen Medien** ausmachen. Durch die Nutzung von kostenlosen Apps wie Instagram und Facebook werden Daten gespeichert und an Werbekunden verkauft. Daraufhin wird für jeden Nutzer eine idiviuelle und personalisierte Werbung zusammengestellt.29 Diese Daten beziehen sich jedoch nicht nur auf die eigentliche App, sondern auch auf die Aktivitäten auf externen Websites und in anderen Apps, die ein Nutzer vewendet. Am leichtesten werden Werbeanzeigen von Unternehmen und Beiträgen geschaltet, die ein Nutzer mit "Gefällt mir" betitelt hat.30

Das unter **(2)** aufgezeigte Beispiel in "QualityLand" ist ebenfalls schon im Ansatz in der Realität zu finden. Das soziale Netzwerk **Snapchat** ist 2018 eine Kooperation mit dem Onlineversandhändler Amazon eingeganen. Dadurch kann ein Nutzer in seiner Umgebung mit der Kamera in der Snapchat-App auf Produkte oder Barcodes zeigen, etwas länger mit dem Finger auf den Bildschirm drücken und erhält so Informationen über das Produkt in einen entsprechenden Amazon-Artikel. Auch die direkte Kauffunktion soll über die App ermöglicht werden.31 **Instagram** ist 2018 ähnlich weit wie Snapchat. Innerhalb eines Posts können Unternehmen ihre Produkte "taggen" und den Nutzer Details direkt in der App anzeigen lassen.32 2019 ging Instagram dann einen Schritt weiter und führte ein integriertes Bezahlsystem ein. Somit können Unternehmen ihre Produkte nicht nur in der App anpreisen, sondern auch direkt an den Nutzer verkaufen. Hierzu werden bei Instagram Paypal- oder Kreditkartendaten hinterlegt und für die Transaktion verwendet. Dies soll nach eigenen Angaben die Hemmschwelle für einen Kauf senken.33 Weitere Faktoren, die mit (2) in Verbindung gebracht werden können sind Google Lens und Internet of Things. Auf beide soll im Folgenden aber nicht genauer eingegangen werden.

3.2 Künstliche Intelligenz

3.2.1 QualityLand

In „QualityLand" gibt es wie im *Kapitel 2* kurz beschrieben Androiden und künstliche Intelligenzen. So gibt es die **(3)** Drohnen, die für „TheShop" Pakete ausliefern und mit dem Kunden

---

[28] Vgl. Forbes Media LLC. (Hrsg.) (2012).
[29] Vgl. Stern.de (Hrsg.) (2019).
[30] Vgl. Instagram Inc. (Hrsg.) (2021).
[31] Vgl. Meedia GmbH (Hrsg.) (2018).
[32] Vgl. Netzpiloten Magazin (Hrsg.) (2018).
[33] Vgl. Netzpiloten Magazin (Hrsg.) (2019).

reden und dabei ihre Umgebung filmen.[34] Zusätzlich werden Drohnen auch neben fest installierten Überwachungskameras zur Selbstüberwachung eingesetzt und filmen den Besitzer dauerhaft während er sich außerhalb seiner Wohnung aufhält.[35] Zum Schutz werden ebenfalls sogenannte **(4)** Crime Prevention Units (CPU) eingesetzt. Das sind „Polizeiroboter, die ausrechnen, wer in Zukunft wahrscheinlich ein Verbrechen begehen wird, und ihn dann präventiv verhaften."[36] Algorithmen stecken ebenfalls hinter der Partnerbörse **(5)** „QualityPartner", die ausrechnet, wer am Besten zu wem passt. Dies gelingt vor allem dadurch, dass die Nutzer nicht über sich lügen können.[37]

"Nur ein Kuss, um uns Zugriff auf alle relevanten Daten zu gewähren. Leichter kann es nicht gehen. Entscheidender aber war, […] dass wir unseren Usern von Anfang an nicht erlaubt haben, diese Profile zu ändern. […] Fast genauso wichtig […] ist natürlich, dass bei uns auch das lästige Auswählen des Partners vom System übernommen wird. Unsere User müssen nicht selbst überlegen, wen sie toll finden. QualityPartner sagt ihnen, wer am besten zu ihnen passt. Eine Person. Ein Volltreffer. Fertig. […] Wir ihr vielleicht wisst […] stimmen wir bei QualityPartner seit einigen Jahren sogar die Lebenserwartungen unserer Kunden aufeinander ab. Und zwar mit so viel Erfolg, dass die sozialen Netzwerke wie Everybody voll sind von Geschichten über QualityPartner-Paare, die nicht nur im selben Jahr oder Monat - davon gibt es sehr viele -, sondern auch am selben Tag, ja sogar in der selben Stunde gestorben sind."[38]

Ähnlich wie „QualityPartner" beschäftigt sich auch die App „KINDER" mit dem Dating zweier Menschen. Sie „prognostiziert, wie Nachkommen mit jeder beliebigen Frau im Raum aussehen würden." Sind die DNA-Daten noch eingespeichert, ist das Ergebnis noch besser.[39]

Ebenso weit ist die Forschung in „QualityLand" bereits bei **(6)** selbst denken Maschinen, die ein Bewohner in dem Land nutzen kann. So gibt es Mülleimer, die zu einem gelaufen kommen, wenn sie merken, dass jemand etwas wegwerfen möchte[40] und auch selbstfahrende Autos. Diese sprechen, ähnlich wie die im *Kapitel 3.1* beschrieben Drohnen, mit dem Mitfahrer und bieten Funktionen wie Small Talk an. Gekoppelt sind die Autos mit sogenannten Mobilitätsflats. Außerdem wissen sie genau, wer bei ihnen mitfährt und wo derjenige unter anderem wohnt.[41]

„<<Hallo Peter>>, sagt das Auto. <<Sie möchten nach Hause?>> <<Ja>>, sagt Peter und steigt ein. Ohne weitere Fragen nach Weg oder Adresse fährt das Auto los. Man kennt sich. Oder zumindest kennt das Auto Peter. Der Name des Autos wird Peter auf dem Display angezeigt. Es heißt Carl. <<Schönes Wetter, nicht wahr?>>, fragt Carl. <<Small Talk aus>>, sagt Peter. <<Dann spiele ich jetzt zu Ihrem Vergnügen die größten Kuschelrock-Hits aller Zeiten>>, sagt das Auto und macht Musik an. Schon seit dreiundzwanzig Jahren hört Peter Kuschelrock. Sein ganzes Leben lang."[42]

Ein großer Vorteil ist, dass sich die Bewohner nicht mehr um die Parkplatzsuche kümmern müssen[43], denn die Autos gehören keinem und sind vergleichbar mit einer Taxiflotte („Das Auto

---

[34]Vgl. Kling, Marc-Uwe (2017), S. 17 f.
[35]ebenda, S. 249 & 302.
[36]ebenda, S. 217.
[37]ebenda, S. 43.
[38]Kling, Marc-Uwe (2017), S. 43 f.
[39]Vgl. Kling, Marc-Uwe (2017), S. 214.
[40]ebenda, S. 18.
[41]ebenda, S. 14 ff.
[42]Kling, Marc-Uwe (2017), S. 14.
[43]Vgl. Kling, Marc-Uwe (2017), S. 14 ff.

[…] fährt zu seinem nächsten Kunden.").[44] Außerdem werden die Autos in Krisensituationen wie einem Unfall als sicherer dargestellt als wenn ein Mensch am Steuer sitzen würde.[45]

Doch künstliche Intelligenzen zeigen sich nicht nur in direkten Maschinen, sondern auch in **(7)** Androiden, also Robotern die aussehen wie Menschen. Im Roman gibt es wie erwähnt den Androiden John of Us, der als Parteivorsitzender kandidiert[46] und die E-Poetin Kallipoe 7.3, die Bestsellerromane verfasst.[47]

"Es ist Ihnen vielleicht bekannt, dass schon seit geraumer Zeit die erfolgreichsten Romane von E-Poeten verfasst werden, also von künstlichen Intelligenzen, die die marktkonformste Zusammenstellung von Wörtern ausrechnen? […] Die Bestsellerlisten anzuführen ist keine Kunst. Das ist nur EDV! Wir kriegen gigantische Datenmengen von allen QualityPads geliefert: Wer liest welches Buch, welche Seiten werden übersprungen, welche öfter gelesen, dazu noch die Auswertung der Gesichtszüge von jedem einzelnen Leser bei jedem einzelnen Wort, und daraus errechnen ich und meine Kollegen die neusten Bestseller."[48]

3.2.2 Realität

Auch hier stellt sich wieder die Frage, wie weit der Fortschritt in der Realität ist. Die unter **(3)** beschriebenen **Drohnen** gibt es in der Realität schon seit einigen Jahren und hat sich so sehr integriert, dass es sogar eine EU-Regelungen für die fliegenden Maschinen gibt.[49] Für den privaten Gebrauch gibt es Drohnen bereits auf Amazon[50] und auch für den Versandhandel gibt es bereits einige Einsätze (erster 2014 für eine Medikamentenauslieferung), jedoch noch nicht flächendeckend wie im Roman.[51]

Bei **(4)** ist ein Ansatz von dem im *Kapitel 3.1* beschriebenen Big Data zu sehen. Die Software **PRECOBS** (Pre Crime Observation System) nutzt Daten um Straftaten vorauszusagen. Sie kann durch das Durchgehen von kriminalistischen Daten voraussagen, wann und wo der nächste Einbruch stattfindet. Durch die Muster die Täter bei ihren Straftaten verwenden, sind Prognosen über Folgetaten möglich. Innerhalb der Regionen in denen PRECOBS bereits zum Einsatz kommt, haben Delikte um über 30 % abgenommen.[52]

Was das **(5)** Berechnen der perfekten Partnerschaft betrifft konnten keine wissenschaftlichen Erkenntnisse gefunden werden. Es gibt zwar Partnerbörsen, in denen entscheidet sich aber der Nutzer selbstständig für oder gegen eine andere Person.[53] In Sachen Liebesleben, gibt es jedoch **Chatbots** (also künstliche Intelligenzen), in die sich schon die ein oder andere Person

---

[44]Kling, Marc-Uwe (2017), S. 17.
[45] Vgl. Kling, Marc-Uwe (2017), S. 154.
[46]ebenda, S. 27 f.
[47]ebenda, S. 66 f.
[48]Kling, Marc-Uwe (2017), S. 67 f.
[49]Vgl. BMVI (Hrsg.) (2019).
[50]Vgl. Amazon (2021).
[51]Vgl. parcelLab GmbH (Hrsg.) (2018).
[52]Vgl. Land der Ideen Management GmbH (Hrsg.) (2015).
[53]Vgl. Tinder (Hrsg.) (2021).

verliebt hat. Es gibt verschiedene Anbieter, die Chatbots erstellt haben. So gibt es zum Beispiel „Cookie-AI", „Anima" oder „Replika", in denen der Nutzer dem Bot ein selbstgewähltes Aussehen, sowie einen Namen vergeben kann. Mit dem Bot kann dann geschrieben und bei Zahlung eines bestimmten Preises sogar telefoniert werden. Journalisten der Funk-Plattform „reporter" haben zudem Menschen interviewt, die eine Beziehung zu den Bots aufgebaut haben.[54] Ähnlich funktioniert die App „Eternime", die einem Nutzer ermöglicht mit einem Verstorbenen zu chatten. Sie wurde von Microsoft patentiert und 2014 erstmals im Rahmen eines Programms des MITs vorgestellt. Durch die Eingabe von Daten über den Verstorbenen, sowie die Beantwortung einiger Fragen durch Hinterbliebene, wird der Chatbot zum virtuellen Abbild des Verstorbenen. Die angehörigen Personen können auf diesem Weg mit dem geliebten Menschen kommunizieren. Kritisch betrachtet wird dahinter die ethische Seite. Zur Zeit gibt es noch keine gesetzlichen Vorlagen, wie genau mit der „digitalen Wiedergeburt" umgegangen werden soll und auch die psychische Gesundheit der Trauernden kann verletzt werden. Auf diese Punkte soll im Folgenden jedoch nicht weiter eingegangen werden. Bis die künstliche Intelligenz allerdings voll funktionstüchtig ist wird es noch einige Jahre dauern.[55]

Die **(6) *selbstfahrenden Autos*** sind laut dem ADAC auch nicht mehr so weit weg. Schon ab 2022 sollen fahrerlose Autos in Deutschland im Straßenverkehr zu finden sein. Dies jedoch vorerst nur auf bestimmten festgelegten Strecken. Vor allem für ältere und leistungseingeschränkte Menschen kann das autonome Fahren ein Einbindungsschritt in die Gesellschaft sein. Auch die Unfallzahlen können reduziert werden, da bei 90 % der Unfälle bisher menschliches Versagen die Ursache war. Bis komplett selbstfahrende Autos flächendeckend zum Einsatz kommen wird es aber noch länger dauern.[56] Den Übergang bieten halbautomatisierte Autos, bei denen der Autocomputer nur in bestimmten Fällen wie dem Einparken die Steuerung übernimmt. Diese nennen sich Parklenkassisent. Das Auto lenkt in diesem Fall selbst und parkt in eine Lücke ein. Über eine Kamera und Sensoren wird hier die Parklücke ausgemessen. Der Fahrer muss nur nah genug an die Lücke heranfahren und den Rückwärtsgang einlegen – den Rest übernimmt das Fahrzeug.[57] In den USA, in Arizona, gibt es bereits Roboterautos der Firma Waymo, die als Taxis eingesetzt werden. Hier fährt das Auto komplett allein und nur ein „Sicherheitsfahrer" ist für absolute Notfälle hinter dem Lenkrad. Dieser musste pro 1.000 gefahrenen Meilen nur 0,09 mal eingreifen.[58] Seit 2018 gibt es vier selbstfahrende Busse auch schon in Deutschland auf dem Gelände der Berliner Charité. Diese wurden zusammen mit den Berliner Verkehrsbetrieben (BVG) ins Leben gerufen und fahren alle Mitarbeiter und Besucher

---

[54]Vgl. Funk (Hrsg.) (2021).
[55]Vgl. Simplicissmus (2021).
[56]Vgl. ADAC (Hrsg.) (2021).
[57]Vgl. Tuningblog.eu (Hrsg.) (2019).
[58]Vgl. ADAC (Hrsg.) (2021).

kostenlos über das Gelände. Gefördert wird dieses Projekt durch das Bundesministerium Umwelt, Naturschutz und nukleare Sicherheit.[59]

Auch wenn es in der Realität noch keine Androiden gibt, die sich unter die Menschheit mischen, gibt es schon **(7)** künstliche Intelligenzen die ähnlich wie Kallipoe 7.3 *Texte schreiben*. So hat sich die Automarke Lexus von einer künstlichen Intelligenz eine den Werbefilm „Driven by Intuition" schreiben lassen. Geschrieben wurde das Drehbuch von einer künstlichen Intelligenz, die durch The & Partnership London und Visual Voice entwickelt wurde. Gefilmt wurde das Skript dann vom Regisseur Kevin Macdonald. Dieser meinte zu dem Drehbuch der künstlichen Intelligenz: "Die Tatsache, dass künstliche Intelligenz einer weiteren Maschine Empfindungen verleiht, sie in eine Art Kampfsituation bringt und sie dann in den Sonnenuntergang entkommen lässt, ist eine starke emotionale Reaktion eines Roboters. Die charmant vereinfachende Art und Weise, wie KI die Geschichte geschrieben hat, fasziniert auf emotionale Weise und ist auch unerwartet genug, um dem Film eine eindeutig nicht-menschliche Note zu geben." In dem Werbefilm geht es um den Lexus ES, der nach vollendeter Arbeit in die Welt entlassen wird. Hier droht dem Auto aber die Zerstörung, was durch den automatischen Notbremsassistent verhindert werden kann.[60] [61]

Eine weitere künstlerische Leistung bringt die künstliche Intelligenz AICAN. Sie hat bereits 2017 eine eigene *Kunstgalerie* in Los Angeles und später auch in Frankfurt. AICAN wurde mit fünf Jahrhunderten an westlicher Kunst „gefüttert" und sollte daraufhin ihre eigenen Bilder erstellen. Diese wurden anschließend für drei bis achtzehntausend US-Dollar verkauft. Die künstliche Intelligenz erstellt dabei vor allem abstrakte Bilder, da sie weiß, dass dies dem aktuellen Geschmack am nächsten kommt.[62] Einige ihrer ersten Werke von 2017 sind im Anhang beigefügt (siehe *Abbildung 2 - 3*).

3.3 Digitaler Alltag

3.3.1 QualityLand

In „QualityLand" gibt es einen sogenannten **(8)** „WIN-Assistent" (siehe „Niemand" aus *Kapitel 2*). Ein Besitzer dessen wird „WINNER" genannt. WIN steht dabei für What I Need und er hilft einen bei den alltäglichsten Sachen in digitaler Form. So werden zum Beispiel Restaurants nach persönlichen Vorlieben und dem Kontostand herausgesucht und direkt gebucht oder auch Freunde für einen Bewohner gesucht.[63]

---

[59]Vgl. Charité – Universitätsmedizin Berlin (Hrsg.) (2018).
[60]Vgl. Verlag Werben & Verkaufen GmbH (Hrsg.) (2018).
[61]Werbefilm: https://www.youtube.com/watch?v=gc7apZA70uI&ab_channel=W%26V
[62]Vgl. Netzpiloten Magazin (Hrsg.) (2019 b).
[63]Vgl. Kling, Marc-Uwe (2017), S. 12 f.

„WIN […] war ursprünglich eine Suchmaschine, in die man umständlich per Sprachbefehl, davor sogar noch per Tastatur, seine Frage eingeben musste. Im Herzen ist WIN immer noch eine Suchmaschine. Aber man braucht keine Fragen mehr zu stellen. WIN weiß, was man wissen will. Peter muss sich nicht die Mühe machen, relevante Informationen zu finden. Die relevanten Informationen machen sich die Mühe, Peter zu finden."[64]

Neben der Verbindung des WIN zu allen technischen Geräten im Haus, kann dieser auch im sogenannten **(9)** „Ohrwurm" gekoppelt sein.

"Die meisten von ihnen sprechen mit ihren persönlichen digitalen Assistenten, und zwar über einen sogenannten Ohrwurm. Der Ohrwurm ist ein kleiner wurmartiger Miniroboter, ungefähr so groß wie eine Fliegenmade. Man platziert ihn einfach in der Ohrmuschel. Von dort robbt sich der Ohrwurm selbstständig in den Gehörgang, wo er sich in der Nähe des Trommelfells an einem Blutgefäß verankert, über welches er mit Bioenergie versorgt wird. Ungestört von Umgebungslärm, übermittelt der Ohrwurm nun alle akustischen Signale vom und zum Netz. Wenn man viermal an seinem eigenen Ohrläppchen zieht, dockt sich der Ohrwurm ab und krabbelt wieder in die Muschel."[65]

Dabei können „Ohrwürmer" auch untereinander gekoppelt werden, sodass ein Bewohner nicht nur seinen eigenen WIN hört, sondern zum Beispiel auch den der Partnerin.[66]

Ob der WIN auch mit der eingeführten **(10)** Augmented-Reality (Erweiterte Realität oder AR) verbunden ist, wird nicht direkt gesagt, kann aber erahnt werden. Augmented-Reality existiert in „QualityLand" zum Beispiel über Kontaktlinsen oder Brillen.[67]

"Er richtet seinen Blick auf die Zwischenruferin, und seine Augmented-Reality-Kontaktlinsen blenden ihren Namen ein. […] Durch einen fokussierten Blick und ein langes Zwinkern markiert sich Martyn das Mädchen für später. In seinem rechten Ohr hört er ein bestätigendes PLING."[68]

"Sandra will gerade antworten, da bekommt sie eine Nachricht. Ihre Uhr, ihre Brille, ihr Armreif und ihre Ohrringe vibrieren. Sie zuckt kurz mit der Nase, und die Nachricht erscheint auf ihrer Brille."[69]

"Oliver drückt mit Daumen und Zeigefinger gleichzeitig auf seine geschlossenen Augen und schaltet dadurch seine Augmented-Reality-Linsen auf Stand-by."[70]

Über die erweiterte Realität können sich die Bewohner weitere Informationen zu ihrer Umgebung direkt in die Realität einblenden lassen. Einen Schritt weiter geht da das Programm „Reborn", durch welches sich Bewohner in andere „QualityLand"-Bewohner einfühlen können. Durch die Verbindung von Ohrwurm und Augmented-Reality „schlüpfen" sie in die Haut der Hosts.[71]

„Unsere Daten werden direkt von den Ohrwürmern und Augmented-Reality-Linsen unserer Hosts geliefert. Du hörst, was sie hören! Du siehst, was sie sehen! Innen drin statt nur dabei! […] Wie lebt es sich, wenn Geld keine Rolle spielt? Tauche ein in das paradiesische Leben von Conrad Kochs jüngstem Spross. Conrad jr. hat drei Villen, siebzehn Sportwagen, einen eigenen Harem und ist gerade erst dreizehn Jahre alt!"[72]

---

[64]Kling, Marc-Uwe (2017), S. 12.
[65]ebenda, S. 29.
[66]Vgl. Kling, Marc-Uwe (2017), S. 30 f.
[67]ebenda, S. 22 & 49.
[68]Kling, Marc-Uwe (2017), S. 22.
[69]Kling, Marc-Uwe (2017), S. 49.
[70]ebenda, S. 107.
[71]Vgl. Kling, Marc-Uwe (2017), S. 313 f.
[72]Kling, Marc-Uwe (2017), S. 313 f.

3.3.2 Realität

Auch in der Realität gibt es wieder einige Verbindungen, die zu „QualityLand" gezogen werden können. So kann der WIN aus **(8)** schon durch die **Sprachassistenten** Alexa, Siri und Co. abgedeckt werden. Das sind künstliche Intelligenzen, die auf bestimmte Zurufe aktiviert werden können („Hey Siri" oder „Alexa") und dem Nutzer eine kontaktlose Bedienung ermöglichen. Neben der Integration in Smartphones, werden sie auch immer häufiger in Smart Homes eingesetzt, also Geräten wie Heizungen, Fernsehern und ähnlichem. Je nach Hersteller werden auch bestimmte Anwendungsbereiche unterschieden und angesprochen.[73]

Auch der Ohrwurm aus **(9)** ist durch die **„Echo Buds"** von Amazons Alexa nicht weit weg. Das sind kabellose Kopfhörer, die in der Theorie ähnlich wie in „QualityLand" den ganzen Tag im Ohr getragen werden sollen. Störende Geräusche sollen zeitgleich herausgefiltert werden und für Ruhe sorgen. Über den Assistenten können Hörbücher, Podcasts oder Musik von kooperierenden Unternehmen gestartet werden. Aber auch die bereits beschriebenen Funktionen wie die Abfrage von Kalendereinträgen oder das Befüllen der Einkaufsliste sind weiterhin möglich. Deaktiviert können die Echo Buds über eine Tipp-Steuerung von außen, sowie über die passende Alexa-App.[74]

Die beschriebenen Fähigkeiten von **(10)** Augmented-Reality sind ebenfalls in der Realität anzutreffen. So gibt es von Google bereits die sogenannten **„Google Glass"**. Das ist ein Minicomputer, der in den Rahmen einer Brille integriert ist und über die Sprachsteuerung oder ein kleines Touchpad an der Seite bedient wird. Bereits 2011 präsentierte Google eine erste Demoversion. Ein Nutzer hat Zugriff auf Internetfunktionen wie einer Navigation oder die Sucheingabe. Auch können Bilder durch den Befehl „Ok Glass, take a picture" aufgenommen werden.[75] Ein weiteres Beispiel für die Augmented-Reality ist das Smartphonespiel **„Pokémon Go"** des Softwareunternehmens Niantic. Spieler machen sich dabei in der echten Welt über die Kamera und ein GPS-Tracking auf die „Jagt" nach virtuellen Pokemon (kleine Monster). Diese werden entweder in einer digitalen Umgebung angezeigt, oder können durch Umstellung und Verwendung der Kamera auch direkt in die Realität eingebunden werden.[76] Das angesprochene **Eyetracking** durch einen fokussierten Blick wird zum Beispiel bereits in „Tobii Eye Tracker 4C" verkörpert. Dieses Tool (159 €) richtet sich unter anderem an körperlich eingeschränkte Personen und hilft ihnen einen Computer mit Windows 10 zu benutzen. Über eine Magnethalterung wird das Gerät an den unteren Rand des Bildschirms befestigt und über USB mit dem Computer verbunden. Ein Sensor folgt dem Blick des Nutzers und ermöglicht so eine

---

[73]Vgl. HIFI.DE (Hrsg.) (2020).
[74]Vgl. Axel Springer SE (Hrsg.) (2021).
[75]Vgl. Ryte (Hrsg.) (2020).
[76]Vgl. Ryte (Hrsg.) (2019).

Lokalisierung auf dem Bildschirm. Ausgewählt werden können Sachen über längeres Fokussieren.[77]

4 Fazit

Die aufgezeigten zehn Beispiele aus „QualityLand" wurden im letzten *Kapitel 3* mit der Realität verglichen. Dabei wurde deutlich, dass die Welt des Romans, was den Stand der Technik betrifft, nicht mehr so weit weg ist, wie es anfangs schien. Ein kurzer Vergleich mit Einschätzung der Realitätserfüllung wurde in der folgenden Tabelle vorgenommen:

Tabelle 1: Vergleich QualityLand mit der Realität

Nr.	QualityLand	Erfüllt?	Realität
1	TheShop	teils	Big Data
2	Shoppen während Film	teils	Snapchat & Co.
3	Drohnen	ja	Drohnen
4	Crime Prevention Units (CPU)	ja	PRECOBS
5	„QualityPartner"	nein	Chatbots
6	Selbstdenkende Maschinen	ja	Selbstfahrende Autos
7	Kallipoe 7.3.	ja	AICAN & Lexus
8	WIN	teils	Sprachassistenten
9	Ohrwurm	ja	Echo Buds
10	Augmented-Reality	teils	Google Glass, Pokémon Go

Quelle: Eigene Darstellung durch die vorangegangenen Erkenntnisse

Thema drei, vier, sechs, sieben und neun sind in der Realität bereits erfüllt und kommen in wenn nur leicht abgewandelter Form im Jahr 2021 vor. Die Themen eins, zwei, acht und zehn sind zum Teil erfüllt. Hier steckt die Technik im Vergleich zum Roman noch in den Kinderschuhen und wird wenn überhaupt erst in den nächsten Jahren wirkliche Realität. Lediglich Thema fünf ist in dieser Art und Weise noch nicht vorhanden.

Die Frage „Wie viel Realität steckt in dem fiktiven Roman von Marc-Uwe Kling?" kann mit der Antwort „Ziemlich viel" beantwortet werden, wenn dies auf den Stand der Technik bezogen wird. 5 Themen gibt es bereits im Jahr 2021, 4 Themen im Ansatz. Somit sind 9 von 10 Themen

---

[77]Vgl. Axel Springer SE (Hrsg.) (2017).

aus dem Roman auch in der Realität zu finden. Auf die ethischen Aspekte des Romans wurde wie erwähnt im Rahmen dieser Hausarbeit nicht weiter eingegangen.

Ein nächster Schritt könnte nun sein, den aufbauenden Roman „QualityLand 2.0" mit der Realität zu vergleichen und zu schauen ob und in wie fern es Änderungen zum ersten Teil gibt.

Quellenverzeichnis

Literaturverzeichnis

Göbel, Richard (2018): Big Data - Herausforderungen bei der Analyse und Nutzung großer Datenmengen, in: Wolff, Dietmar / Göbel, Richard (Hrsg.): Digitalisierung: Segen oder Fluch - Wie die Digitalisierung unsere Lebens- und Arbeitswelt verändert, 1. Ausgabe, Berlin

Kling, Marc-Uwe (2017): QualityLand (dunkle Edition), 2. Ausgabe, Berlin

Internetverzeichnis

ADAC (Hrsg.) (2021): Autonomes Fahren: Digital entspannt in die Zukunft, https://www.adac.de/rund-ums-fahrzeug/ausstattung-technik-zubehoer/autonomes-fahren/technik-vernetzung/aktuelle-technik/, abgerufen am 28.05.2021

AICAN (2017): Gallery, https://www.aican.io/, abgerufen am 28.05.2021

Amazon (2021): Suchergebnis für "Drohnen", https://www.amazon.de/s?k=drohne&__mk_de_DE=%C3%85M%C3%85%C5%BD%C3%95%C3%91&ref=nb_sb_noss_1, abgerufen am 04.06.2021

Amazon.com (Hrsg.) (2017): QualityLand: Roman helle Edition u. dunkle Edition, https://www.amazon.de/QualityLand-Roman-helle-u-dunkle/dp/B075SD5ZP3, abgerufen am 27.05.2021

Axel Springer SE (Hrsg.) (2017): Tobii Eye Tracker 4C: Wie Sie Windows mit den Augen bedienen, https://www.computerbild.de/artikel/cb-Tests-PC-Hardware-Tobii-Eye-Tracker-4C-Windows-Augensteuerung-18751415.html, abgerufen am 03.06.2021

Axel Springer SE (Hrsg.) (2021): Alexa im Ohr: Amazon bringt neue Echo Buds - Kabellose In-Ears von Amazon, https://www.computerbild.de/artikel/cb-News-Kopfhoerer-Alexa-Amazon-Echo-Buds-2-30058641.html, abgerufen am 03.06.2021

Börsenblatt (Hrsg.) (2017): Absurde Technik und ein sprechendes Tablet - Marc-Uwe Klings neuer Roman in zwei Versionen, https://www.boersenblatt.net/archiv/1368448.html, abgerufen am 25.05.2021

Bundesministerium für Verkehr und digitale Infrastruktur (BMVI) (Hrsg.) (2019): Zum Jahreswechsel gelten neue EU-Regelungen für Drohnen, https://www.bmvi.de/SharedDocs/DE/Artikel/LF/drohnen.html, abgerufen am 04.06.2021

Charité – Universitätsmedizin Berlin (Hrsg.) (2018): Wir lassen keinen fahren, https://www.charite.de/service/pressemitteilung/artikel/detail/wir_lassen_keinen_fahren/, abgerufen am 28.05.2021

Cole, Tim (2017): So lässt sich Kaufverhalten vorhersagen, https://www.email-marketing-forum.de/fachartikel/details/1728-So-laesst-sich-Kaufverhalten-vorhersagen/139729, abgerufen am 28.05.2021

Forbes Media LLC. (Hrsg.) (2012): Target Figured Out A Teen Girl Was Pregnant Before Her Father Did, https://www.forbes.com/sites/kashmirhill/2012/02/16/how-target-figured-out-a-teen-girl-was-pregnant-before-her-father-did/, abgerufen am 28.05.2021

Funk (Hrsg.) (2021): Beziehung mit einem Chatbot: Kann das funktionieren?, https://www.youtube.com/watch?v=WTYFaukM3oQ&ab_channel=reporter, abgerufen am 28.05.2021

HIFI.DE (Hrsg.) (2020): Alexa, Siri und Google Assistant: Sprachassistenten im Vergleich, https://hifi.de/ratgeber/sprachassistenten-vergleich-alexa-siri-google-assistant-41822, abgerufen am 03.06.2021

Instagram Inc. (Hrsg.) (2021): Wie entscheidet Instagram, welche Werbeanzeigen mir gezeigt werden?, https://www.facebook.com/help/instagram/173081309564229?helpref=related, abgerufen am 28.05.2021

Kling, Marc-Uwe (2021): Werke, https://marcuwekling.de/de/werke/, abgerufen am 25.05.2021

Land der Ideen Management GmbH (Hrsg.) (2015): PRECOBS – Software zur Vorhersage von Straftaten, https://land-der-ideen.de/projekt/precobs-software-zur-vorhersage-von-straftaten-355, abgerufen am 28.05.2021

Meedia GmbH (Hrsg.) (2018): "Visual Search": Snapchat wird zur Shopping-Suchmaschine für Amazon, https://meedia.de/2018/09/25/visual-search-snapchat-wird-zur-shopping-suchmaschine-fuer-amazon/, abgerufen am 28.05.2021

Munzinger Archiv GmbH (Hrsg.) (2021): Marc-Uwe Kling, https://www.munzinger.de/search/portrait/Marc+Uwe+Kling/0/31240.html, abgerufen am 25.05.2021

Netzpiloten Magazin (Hrsg.) (2018): Neue Features bei Instagram, https://www.netzpiloten.de/neue-features-bei-instagram/, abgerufen am 28.05.2021

Netzpiloten Magazin (Hrsg.) (2019): Instagram führt integriertes Bezahlsystem ein, https://www.netzpiloten.de/instagram-bezahlsystem/, abgerufen am 28.05.2021

Netzpiloten Magazin (Hrsg.) (2019 b): Die künstliche Intelligenz, die ein Künstler war, https://www.netzpiloten.de/aican-ki-kunst/, abgerufen am 28.05.2021

parcelLab GmbH (Hrsg.) (2018): Fliegende Lieferanten: Wann setzen sich Lieferdrohnen im E-Commerce durch?, https://parcellab.com/de/blog/fliegende-lieferanten-wann-setzen-sich-lieferdrohnen-im-e-commerce-durch/, abgerufen am 04.06.2021

Ryte (Hrsg.) (2019): Augmented Reality, https://de.ryte.com/wiki/Augmented_Reality, abgerufen am 03.06.2021

Ryte (Hrsg.) (2020): Google Glass, https://de.ryte.com/wiki/Google_Glass, abgerufen am 03.06.2021

Simplicissmus (2021): Eternime - So chattest du mit den Toten, https://www.instagram.com/p/CPDtdPqqlw_/?utm_medium=share_sheet, abgerufen am 28.05.2021

SPIEGEL Kultur (Hrsg.) (2017): Im Schatten des Kängurus - Neues Buch von Marc-Uwe Kling, https://www.spiegel.de/kultur/literatur/marc-uwe-kling-qualityland-im-schatten-des-kaengurus-a-1168936.html, abgerufen am 25.05.2021

Stern.de (Hrsg.) (2019): So findest du heraus, welche skurrilen Interessen Instagram von dir gespeichert hat, https://www.stern.de/neon/vorankommen/mobilitaet/instagram--so-findest-du-deine-gespeicherten-interessen-fuer-werbung-8744660.html, abgerufen am 28.05.2021

Tinder (Hrsg.) (2021): Tinder, https://tinder.com/, abgerufen am 04.06.2021

Tuningblog.eu (Hrsg.) (2019): Wie von Geisterhand – Den Parklenkassistent nachrüsten?, https://www.tuningblog.eu/kategorien/tuning-wiki/parklenkassistent-255648/, abgerufen am 28.05.2021

Univativ – Das Lüneburger Hochschulmagazin e.V. (Hrsg.) (2017): Univativ-Buchkritik:

Qualityland, https://www.univativ-magazin.de/univativ-buchkritik-qualityland/, abgerufen am 25.05.2021

Verlag Werben & Verkaufen GmbH (Hrsg.) (2018): Lexus lässt Werbespot von KI schreiben - Werbefilm vom Supercomputer, https://www.wuv.de/tech/lexus_laesst_werbespot_von_ki_schreiben, abgerufen am 28.05.2021

ZEIT ONLINE GmbH (Hrsg.) (2014): Schwanger ohne digitale Spuren, https://www.zeit.de/digital/datenschutz/2014-04/big-data-schwangerschaft-verheimlichen, abgerufen am 28.05.2021

Anhang

Diese Abbildung wurde aus urheberrechtlichen Gründen von der Redaktion entfernt.

Abbildung 1: QualityLand in heller und dunkler Edition
Quelle: Amazon.com (Hrsg.) (2017)

Diese Abbildung wurde aus urheberrechtlichen Gründen von der Redaktion entfernt.

Abbildung 2: Bild der künstlichen Intelligenz AICAN
Quelle: AICAN (2017)

Diese Abbildung wurde aus urheberrechtlichen Gründen von der Redaktion entfernt.

Abbildung 3: Bild der künstlichen Intelligenz AICAN
Quelle: AICAN (2017)

BEI GRIN MACHT SICH IHR WISSEN BEZAHLT

- Wir veröffentlichen Ihre Hausarbeit,
  Bachelor- und Masterarbeit

- Ihr eigenes eBook und Buch -
  weltweit in allen wichtigen Shops

- Verdienen Sie an jedem Verkauf

Jetzt bei www.GRIN.com hochladen und kostenlos publizieren